AF482766

* 9 7 8 6 1 4 4 6 2 0 3 3 5 *

رِحْلَةٌ مِنْ كَوْكَبٍ مَجْهولٍ

تأليف: د. طارق البكري

رسوم: نور التوبة

دار الرُّقيّ

للطباعة والنشر والتوزيع

دار الرُّقيّ

للطباعة والنشر والتوزيع

خـليـوي: 00961 3 235949

تلفاكس: 00961 7 920158

ص.ب: 4101 بيروت - لبنان

رِحْلَةٌ مِنْ كَوْكَبٍ مَجهولٍ

لَطالَما حَلُمَ الإِنْسانُ بِأَنْ يَطيرَ وَيَطيرَ وَيَطيرَ إِلى أَبْعَدِ ما في الدُّنيا.. مُنْذُ زَمانٍ وَهُوَ يَحْلُمُ.. قَبْلَ اخْتِراعِ المَناطيدِ وَالطَّائِرات وَالصَّواريخِ وَالمَحطَّاتِ الفَضائِيَّةِ وَالأَقْمارِ الصِّناعِيّةِ..

كانَ يَرَى طُيوراً تُحَلِّقُ عالِياً عالِياً.. وَيَتَمَنَّى لَوْ يُحَلِّقُ مِثْلَها..

اخْتَرَعَ قِصَّةَ بِساطِ الرِّيحِ.. وَقِصَّةَ الحِصانِ الطَّائِرِ.. وَقِصَصاً أُخْرَى كَثيرَةً عَنِ الطُّيورِ

الَّتِي تَحْمِلُ الإِنْسَانَ عَلَى ظَهْرِها.. وَمِكْنَسَةَ السَّاحِرَةِ الطَّائِرَةَ.. وَغَيْرَ ذَلِكَ مِنَ الأَحْلامِ الطَّائِرَةِ.. وَكُلُّ شَيْءٍ يَبْدَأُ بِحُلُمٍ.. لَكِنَّ البَعْضَ يَتَّهِمُ الحالِمِينَ بِالجُنُونِ.

قَدْ يُسْجَنُ بَعْضُ الحالِمِينَ بِسَبَبِ أَحْلامِهِمْ.. وَيَهْجُرُونَ بِلادَهُمْ مِنْ أَجْلِ أَحْلامِهِمْ..

وَمَعَ ذَلِكَ تَظَلُّ الأَحْلامُ أَكْثَرَ الأَشْياءِ قُرْباً إِلى الإِنْسانِ وَلا يُمْكِنُهُ أَنْ يَتَخَلَّى عَنْها... وَرُبَّما احْتَفَظَ بِأَحْلامِهِ دونَ أَنْ يُخْبِرَ النّاسَ عَنْها.

وَمِنْ بَيْنِ هَؤُلاءِ الحالِمِينَ مَجْمُوعَةٌ شُبّانٍ صِغارٍ يَعِيشُونَ القَرْنَ المُقْبَلَ في بَلَدٍ بَعِيدٍ

مُتَقَدِّمٍ جِدًّا، يَدْرُسونَ مَعًا في مَدْرَسَةٍ واحِدَةٍ.. وَفي صَفٍّ واحِدٍ، أَعْمارُهُمْ مُتَقارِبَةٌ، وَكانوا يُفَكِّرونَ دائِماً بِمَشاكِلِ العالَمِ، وَيَتَمَنَّوْنَ أَنْ يَحُلُّوها، وَأَنْ يَسْتَيْقِظوا يَوْماً مِنْ نَوْمِهِمْ وَيَقوموا مِنْ أَسِرَّتِهِمْ وَتَكونَ الدُّنيا غَيْرَ هَذِهِ الدُّنيا لِيَعيشَ العالَمُ في أَمانٍ وَسَلامٍ..

وَفي هَذا القَرْنِ الذي يَعيشونَ فيهِ انْتَشَرَتْ وَسائِلُ كَثيرَةٌ جَعَلَتِ النّاسَ يَبْدونَ وَكَأَنَّهُمْ يَعيشونَ داخِلَ أَجْهِزَةٍ إِلِكْترونِيَّةٍ عَجيبَةٍ، تَغَيَّرَ الكَوْنُ، وَازْدادَتْ نِسْبَةُ التَّلَوُّثِ، وَاتَّسَعَ ثَقْبُ الأوزونِ، وَاشْتَدَّتْ حَرارَةُ الأَرْضِ، وَارْتَفَعَتْ مِياهُ البِحارِ فَأَدَّى ذَلِكَ إِلى غَرَقِ مَساحاتٍ

شاسِـعَةٍ مِنَ الأَراضي، وَذَوَبانِ بَعْـضِ الجُزُرِ الصَّغيرَةِ بَعْـدَ أَنِ انْغَمَرَتْ بِالمِياهِ مِنْ كُلِّ جانِبٍ..

*** *** ***

كانَ الأَصْدِقاءُ الصِّغارُ قاسِمٌ وَرَباحٌ وَطَلالٌ مُغْرَمِيـنَ بِالعِلْمِ، لَكِنَّهُمْ كانوا في الوَقْتِ نفْسِهِ لا يُحِبّونَ هَذَا العِلْمَ لِأَنَّهُ جَعَلَ الدُّنْيا مِثْلَ غُرْفَةٍ (سونا) تُغَطِّيها سَحابَةٌ مِنْ دُخانِ المَصانِعِ وَعَوادِمِ السَّيّاراتِ وَالطَّائِراتِ وَحَرائِقِ الغاباتِ الَّتِي بَقِيَ مِنْها القَلِيلُ القَلِيلُ.. إِضافَةً إِلى كُلِّ ما سَبَّبَهُ الإِنْسانُ مِنْ دَمارٍ لِلْأَرْضِ مِنْ حُروبٍ نَوَوِيَّةٍ وَخَرابٍ بِسَبَبِ كَثْرَةِ النُّفاياتِ وَغَيْرِها..

الأَصْدِقاءُ الطَّيِّبونَ كانوا يَحْلُمونَ بِعالَمٍ آخَرَ يَخْتَلِفُ عَنْ هَذَا العالَمِ الذي يَعيشونَ فيهِ..

كانوا يُفَكِّرونَ بِالتَّحْليقِ خارِجَ الأَرْضِ بَحْثاً عَنْ مَكانٍ آمِنٍ، وَيُتابِعونَ تَطَوُّرَ رِحْلاتِ

الفَضَاءِ، مَعَ تَأْكِيدِ رُوَّادِ الفَضَاءِ كُلَّ مَرَّةٍ أَنَّهُ لَا حَيَاةَ خَارِجَ الأَرْضِ، وَ أَنَّ الكَوَاكِبَ كُلَّها تَخْلو مِنْ أَيِّ نَوْعٍ مِنْ أَنْواعِ الحَيَاةِ..

وَمَعَ ذَلِكَ فَإِنَّ الأَصْدِقَاءَ الثَّلاثَةَ يُؤْمِنونَ بِأَنَّ كَوْكَباً ما قَدْ يَكونُ صالِحاً لِيُؤْوِيَ بَعْضَ النَّاسِ الذينَ يَخْتَلِفونَ عَنْ غَيرِهِمْ، فَكَيْفَ يُمْكِنُ لِهَؤُلَاءِ الأَصْدِقَاءِ الطَّيِّبينَ أَنْ يَكونَ مُسْتَقْبَلُهُمْ في أَرْضٍ أَصْبَحَ قَانُونُها مِثْلَ البَحْرِ، السَّمَكُ الكَبِيرُ يَأْكُلُ السَّمَكَ الصَّغيرَ.. وَفَضَاؤُها أَضْحى غَمَامَةً سَوْداءَ إِنْ أَمْطَرَتْ مَلَأَتِ الأَرْضَ مِياهاً مُلَوَّثَةً،وَإِنْ لَمْ تُمْطِرْ حَبَسَتْ ذَرَّاتِ الغُبَارِ لِيَسْقُطَ مِنْ جَدِيدٍ عَلَى

رُؤُوسِ النّاسِ لِيَتَنَشَّقُوهُ وَيُدْخِلُوهُ صُدُورَهُمْ..

ظَلَّ الأَصْدِقاءُ يَبْحَثُونَ وَيَبْحَثُونَ بِلا كَلَلٍ وَلا مَلَلٍ، أَحْضَرُوا مِنْ أَجْلِ ذَلِكَ وَسائِلَ اتِّصالٍ فَضائِيَّةً حَدِيثَةً جِدّاً عَبْرَ الأَقْمارِ الصِّناعِيَّةِ، لا لِلتَّسْلِيَةِ وَتَضْيِيعِ الوَقْتِ، بَلْ لِمُحاوَلَةِ التَّواصُلِ مَعَ كائِناتٍ مِنْ خارِجِ الأَرْضِ رُبَّما تَكُونُ مَوْجُودَةً بِالفِعْلِ، حَتَّى يَهْرُبوا مِنَ الدُّنيا الَّتِي يَعِيشُونَ فيها، بَعْدَ أَنِ اسْوَدَّتِ السَّماءُ وَفَسَدَتِ الأَرْضُ.. وَسَئِمَ المُصْلِحونَ مِنْ إِصْلاحِها..

※ ※ ※

وَفي يَوْمٍ، وَفيما كَانَ طَلالٌ يُديرُ مَوْجاتِ جِهازِ الاتِّصالِ سَمِعَ حَرَكَةً فَضائيَّةً غَيرَ مُعْتادَةٍ، فَنادَى صَديقَيهِ قاسِماً وَرَباحاً لِيَسْتَمِعوا مَعاً إلى بَعْضِ الذَّبْذباتِ وَالتَّمَوُّجاتِ الَّتي بَدَأَت تَأْتي مِنْ بَعيدٍ وَيُحاوِلوا فَكَّ رُموزِها..

أَرْسَلَ طَلالٌ إِشارَةً عَبرَ الجِهازِ إِشعاراً بِأَنَّهُ تَلَقَّى شَيْئاً ما..

كادَتْ أَنْفاسُ الأَصْدِقاءِ تَتَوَقَّفُ مِنْ شِدَّةِ التَّرَقُّبِ.. العُيونُ مَشْدودَةٌ وَالأَسْماعُ مُرْهَفَةٌ.. وَالقُلوبُ تَدُقُّ بِسُرْعَةٍ عَنيفَةٍ..

عُيونُهُمْ كانَتْ شاخِصَةً.. تَتَرَقَّبُ شَيْئاً ما غَيْرَ مُتَوَقَّعٍ يَحْدُثُ أَمامَهُمْ.. طالَ انْتِظارُ الأَصْدِقاءِ..

ظَنَّ طَلَالٌ أَنَّهُ يَحْلُمُ أَحْلَامَ اليَقَظَةِ.. ضَحِكَ قَاسِمٌ وَرَبَاحٌ.. اعْتَقَدا أَنَّ صَدِيقَهُما أَصْبَحَ مَشْكوكاً في عَقْلِهِ مِنْ كَثْرَةِ التَّفْكيرِ وَالبَحْثِ عَنِ المَجْهولِ...

وَفيما الأَصْدِقاءُ يَضْحَكونَ مِنْ هَذا المَوْقِفِ.. وَبِشَكْلٍ لَمْ يَكونوا يَتَوَقَّعونَهُ عَلَى الإِطْلاقِ.. انْطَلَقَتْ مِنَ الجِهازِ أَصْواتٌ وَتَمَوُّجاتٌ لَمْ يَعْهَدوها مِنْ قَبْلُ فَعادَ إِلَيْهِمُ الوُجومُ وَالتَّرَقُّبُ وَالدَّهْشَةُ.. لَكِنْ هذه المَرَّةَ بِشَكْلٍ أَكْثَرَ مِنَ السَّابِقِ.... وَبَدَأَتْ دَقَّاتُ قُلوبِهِمْ تَشْتَدُّ حَتَّى إِنَّ الواحِدَ مِنْهُمْ يَكادُ يَسْمَعُ صَوْتَ قَلْبِهِ مِنْ شِدَّةِ الخَفَقانِ...

وَما هِيَ إِلَّا ثَوانٍ مَعْدودَاتٍ حَتَّى تَلَقَّى الأَصْدِقاءُ صَدًى لِتِلْكَ الإِشاراتِ الَّتِي أَرْسَلوها، فَعادَ الأَصْدِقاءُ يَضْحَكونَ.. وَقالَ قاسِمٌ: أَكيدٌ أَنَّنا جُنِنّا.. نَحْنُ نَبْحَثُ عَنِ المُسْتَحيلِ.. هَيَّا.. لِنَتَوَقَّفْ عَنْ هَذا الجُنونِ..

✼ ✼ ✼

طلال
طلال
طلال

قَالَ رَبَاحٌ: رُبَّما كانَتْ هُنالِكَ مُشْكِلَةٌ في الجِهازِ، أَوْ أَنَّ الإِشاراتِ الَّتي أَرْسَلْناها اصْطَدَمَتْ بِكَوْكَبٍ ما أَوْ بِشِهابٍ فَضائِيٍّ فَارْتَدَّتْ إِلَينا..

فقالَ قاسِمٌ: أَوْ رُبَّما حَدَثَ تَداخُلٌ مَعَ جِهازٍ أَرْضِيٍّ آخَرَ..

وَفيما هُمْ يُفَكِّرونَ وَيَضَعونَ الافْتِراضاتِ.. عادوا لِيَسْمَعوا صَوْتَ إِشاراتٍ جَديدَةٍ..

هُنا تَغَيَّرَتْ مَلامِحُ الأَصْدِقاءِ.. وَبَدَأوا يَنْظُرونَ إِلى بَعْضِهِمْ بَعْضاً.. دونَ أَنْ يَتَكَلَّموا كَلِمَةً واحِدَةً.. وَبَدَأَتِ الإِشاراتُ تَشْتَدُّ وَتَتَوالَى.. وَبَدَأَ الصَّوْتُ يَتَّضِحُ لَكِنَّهُ لَمْ يَكُنْ مَفهوماً..

اقْتَرَبَ طَلَالٌ مِنْ جِهَازِ الْإِرْسالِ وَراحَ يَتَكَلَّمُ عَبْرَ الْمِذْياعِ: أَنا طَلَالٌ أَنا طَلَالٌ.. مَنْ مَعِي.. مَنْ مَعِي؟ هَلْ مِنْ أَحَدٍ يَسْمَعُني؟

كانَ هُنالِكَ بَعْضُ التَّشْويشِ.. فَأَخَذَ طَلَالٌ يُكَرِّرُ جُمْلَتَهُ وَيَرْفَعُ صَوْتَهُ.. وَكانَ الرَّدُّ عِبارَةً عَنْ ذَبْذَباتٍ غَيْرِ مَفْهومَةٍ..

قالَ قاسِمٌ: آهِ مِنْكُما.. يَكْفي.. يَكْفي.. سَأُجَنُّ.. أَكيدٌ أَنَّنا نَحْلُمُ..

فَأَجابَ رَباحٌ: يَبْدو أَنَّنا بِالْفِعْلِ أَصْبَحْنا مَجانينَ..

لكِنَّ طَلَالاً ظَلَّ يُرَدِّدُ وَكَأَنَّهُ لَمْ يَسْمَعْ قَوْلَهُما:

أَنا طَلالٌ أَنا طَلالٌ.. مَنْ مَعِي.. مَنْ مَعِي؟ لَكِنْ دونَ فائِدَةٍ..

فَقالَ قاسِمٌ ضاحِكاً: أَعْتَقِدُ أَنَّنا بِحاجَةٍ لِفَتْرَةٍ مِنَ الرَّاحَةِ.. لَقَدْ بَدَأَتِ الأَوْهامُ تُسَيْطِرُ عَلَيْنا بَدَلاً مِنَ الأَحْلامِ..

قالَ رَباحٌ: أَنا ذاهِبٌ إِلى بَيْتِي لِأُنامَ.. قَبْلَ أَنْ أُصْبِحَ مَجْنوناً بِشَكْلٍ رَسْمِيٍّ..

قالَ طَلالٌ: اذْهَبا الآنَ.. لَدَيَّ بَعْضُ العَمَلِ سَأُنْجِزُهُ قَبْلَ أَنْ أَصْعَدَ إِلى المَنْزِلِ..

فَقَدْ كانَ مَقَرُّ الأَصْدِقاءِ الثَّلاثَةِ في غُرْفَةٍ صَغيرَةٍ في حَديقَةِ بَيْتِ طَلالٍ، خَصَّصَها لَهُ

أَبُواهُ مِـنْ أَجْلِ مُذاكَرَتِهِ وَاخْتِراعاتِهِ وَجُلوسِـهِ مَعَ أَصْدِقائِهِ..

خَـرَجَ رَباحٌ وَقاسِمٌ وَظَـلَّ طَـلالٌ وَحِيداً..
وَذَهَبَ الصَّديقانِ فَوْراً كُلٌّ مِنْهُما إِلى بَيْتِهِ..

❋ ❋ ❋

جَلَسَ طَلَالٌ يُفَكِّرُ بِالأَصْواتِ الَّتِي سَمِعَها..
بِالتَّأْكِيدِ هِيَ لَيْسَتْ مِنَ الأَصْواتِ المَأْلُوفَةِ..
قَدْ تَكونُ تَداخُلاً مَعَ أَجْهِزَةٍ أُخْرى وَلَكِنَّنا
بِالفِعْلِ لَمْ نَكُنْ نَحْلُمُ..

اقْتَرَبَ طَلَالٌ مَرَّةً أُخْرى مِنَ الجِهازِ وَراحَ
يُرَدِّدُ: مَرْحَباً.. مَرْحَباً.. أَنا طَلَالٌ أَنا طَلَالٌ مِنْ
كَوْكَبِ الأَرْضِ.. هَلْ يَسْمَعُني أَحَدٌ؟؟

وَبَعْدَما كَرَّرَ جُمْلَتَهُ عِدَّةَ مَرَّاتٍ.. سَمِعَ صَوْتاً
مِنْ بَعِيدٍ يَقولُ: مَرْحَباً.. مَرْحَباً.. أَنا طَلَالٌ..
أَنا طَلَالٌ.. وَهَذِهِ المَرَّةَ كانَ الصَّوْتُ واضِحاً
جِدّاً.. لَمْ يَكُنْ صَدَى صَوْتِ طَلَالٍ.. لَكِنَّهُ يُرَدِّدُ
كَلِماتِ طَلَالٍ.. قالَ طَلَالٌ بِلَهْفَةٍ: مَنْ مَعِي مَنْ

مَعِي.. رُدَّ عَلَيَّ أَرْجُوكَ.

فَسَمِعَ مَنْ يُرَدِّدُ جُمْلَتَهُ مَرَّةً ثَانِيَةً: مَنْ مَعِي.. مَنْ مَعِي .. رُدَّ عَلَيَّ أَرْجُوكَ؟

هُنَا لَمْ يَتَمَالَكْ طَلَالٌ نَفْسَهُ.. فَقَامَ بِتَقْوِيَةِ جِهَازِ الِالْتِقَاطِ.. وَرَفَعَ الصَّوْتَ.. وَأَحْضَرَ جِهَازَ التَّسْجِيلِ وَبَدَأَ يُسَجِّلُ كُلَّ مَا يُقَالُ.. وَيُدَوِّنُ في مُفَكِّرَةٍ صَغِيرَةٍ مَعَهُ..

بَعْدَ دَقَائِقَ سَمِعَ الصَّوْتَ نَفْسَهُ يَقُولُ: مَرْحَباً طَلَال.. أُحَدِّثُكَ مِنْ مَرْكَبَةٍ فَضَائِيَّةٍ مِنْ كَوْكَبِ الشَّمْعِ.. هَلْ تَسْمَعُنِي.. كَوْكَبُنَا بَعِيدٌ جِدّاً.. وَنَحْنُ الآنَ قَرِيبُونَ مِنْ مَجَرَّتِكُمْ..

ذُهِلَ طَلالٌ مِمّا سَمِعَ.. ظَنَّ أَنَّهُ يَتَخَيَّلُ ما يَسْمَعُ.. لَكِنَّ الصَّوْتَ تابَعَ الكَلامَ: لَقَدْ أَتَيْنا مِنْ كَوْكَبٍ بَعيدٍ بَعيدٍ.. وَقَدِ التَقَطْنا إِشارَتَكَ وَسَوْفَ نَصِلُ إِلَيْكَ بَعْدَ ساعَةٍ مِنْ ساعَتِكُمْ تَماماً في سُرْعَتِنا العالِيَةِ.. نُريدُ أَنْ نَتَعَرَّفَ إِلى كَوْكَبِكُمْ.. وَقَدْ سَجَّلْنا مِنْ بَعيدٍ بَعْضَ المَعْلوماتِ عَنْكُمْ.. وَاسْتَطَعْنا أَنْ نَتَعَلَّمَ لُغَتَكُمْ..

❋ ❋ ❋

لَمْ يُصَدِّقْ طَلالٌ ما تَسْمَعُهُ أُذُناهُ.. أَسْرَعَ وَاتَّصَلَ بِصَديقَيْهِ قاسِمٍ وَرَباحٍ بِواسِطَةِ ساعَتِهِ المَرْئِيَّةِ حَتَّى يَأْتِيا بِسُرْعَةٍ.. وَخِلالَ لَحَظاتٍ وَصَلَ الصَّديقانِ عَلَى مَرْكَبَتِهِما السَّريعَةِ جِدًّا وَراحَ طَلالٌ يُسْمِعُهُما صَوْتَ المُسَجِّلِ فَقَدْ تَوَقَّعَ أَنْ لا يُصَدِّقا ما دارَ مِنْ حَديثٍ بَيْنَهُ وَبَيْنَ الصَّوْتِ الآتي مِنْ بَعيدٍ لَوْ أَخْبَرَهُما بِنَفْسِهِ عَمّا حَدَثَ..

ضَحِكَ الصَّديقانِ وَظَنّا أَنَّ أَحَداً يَضْحَكُ عَلَيْهِما بَعْدَ أَنْ عَرَفَ بِمُحاوَلَتِهِمُ الاتِّصالَ بِالكَوْنِ الخارِجِيِّ..

فَقالَ لَهُما طَلالٌ.. أَمامَنا فَتْرَةٌ قَصيرَةٌ وَتَتَّضِحُ

الأُمُورُ وَسَوْفَ نَرَى مَنْ يَأْتِي إِلَيْنا..

في هـذه اللَّحْظَةِ سَـمِعوا الصَّوْتَ مُجَدَّداً:
نَحْنُ نَقْتَرِبُ مِنْ كَوْكَبِ الأَرْضِ لَكِنَّنا سَـنَظَّلُ
خَـارِجَ الغِـلافِ الجَوِّيَّ فَمَرْكَبَتُنا كَبيرَةٌ وَلَوْ
دَخَلْنا قَدْ نُمَزِّقُ الغِلافَ الجَوِّيَّ.. وَنُضِرُّ بِكُمْ..
لَكِنَّنا نَحْنُ لَـنْ نَتَأَثَّرَ فَمَرْكَبَتُنا قَوِيَّةٌ جِدّاً وَهِيَ لا
تَعْمَلُ بِالوَقْدِ المُدَمِّرِ لِلْكَوْنِ كَما تَسْتَخْدِمون
أَنْتُمُ الوُقُودَ الذي يَنْشُرُ الدُّخانَ الفاسِدَ.. نَحْنُ
بِيئَتُنا خالِيَةٌ مِنَ التَّلَوُّثِ..

وَتَابَعَ الصَّوْتُ يَقُولُ: سَـوْفَ نُرْسِـلُ إِلَيْكُمْ
مَرْكَبَـةً صَغيرَةً لِنَصِلَ إِلَيْكُمْ مُباشَـرَةً.. سَـوْفَ
تَرَوْنَنا بَعْدَ قَليلٍ... سَوْفَ آتي أَنا مُديرُ الرِّحْلَةِ..

وَمَعي أَحَدُ الزُّمَلاءِ..

اِنْتَظَرَ الأَصْدِقاءُ الثَّلاثَةُ بِشَوْقٍ شَديدٍ..

***

مَرَّتْ لَحَظاتٌ كانَتْ مِنْ أَصْعَبِ
اللَّحَظاتِ..

فَجْأَةً سَمِعوا أَصْواتاً مُرْتَفِعَةً وَضَجيجاً..

ثُمَّ سَمِعوا الصَّوْتَ نَفْسَهُ يَقولُ:

نَحْنُ نَأْسَفُ.. نَحْنُ نَعْتَذِرُ.. لا نَسْتَطيعُ
دُخولَ أَرْضِكُمْ.. لا نَسْتَطيعُ.. لَقَدْ سَجَّلَتْ
مَرْكَبَتُنا تَلَوُّثاً هائِلاً في أَرْضِكُمْ.. لَنْ نَسْتَطيعَ
زِيارَتَكُمْ، وَلَنْ نَتَمَكَّنَ مِنَ الوُصولِ إِلَيْكُمْ..
اعْذُرونا.. فَما نَمْلِكُهُ مِنْ مَعَدّاتٍ حالِيّاً لا
تَسْمَحُ بِالتَّكَيُّفِ مَعَ نِسْبَةِ التَّلَوُّثِ المَوْجودَةِ في
الغِلافِ الجَوِّيِّ المُحيطِ بِالأَرْضِ.. لَقَدْ أَخَذْنا
عَيِّناتٍ مِنَ الهَواءِ... رُبَّما نَعودُ في سَنَواتٍ

مُقْبِلَةٍ.. لَنْ نَسْتَطيعَ التَّواصُلَ مَعَكُمْ.. سَيَنْقَطِعُ الاتِّصالُ فَوْراً.. نَحْنُ نَبْتَعِدُ بِشَكْلٍ سَريعٍ.. مَعَ السَّلامَةِ..

✻✻✻